Lk 7 426

DISCOVRS PANEGYRIQVE SVR LA VILLE D'ARLES,

Faict et prononcé en l'Eglise de nostre Dame saincte MARIE Maiour, le iour sainct Marc annee mil six cens et douze.

Par Fr. IEAN PRIVAT Religieux du Conuent des Cordeliers de ladite Ville, & Bachelier en THEOLOGIE.

A PARIS,
Chez la veufve BERTAVLT, au mont S. Hilaire à l'Eftoille.

M. DC. XII.

A MESSIEVRS
FRANCOIS DE CHA-
TEAV-NEVF, DE MOLLEGES,
Louys de Viguier Escuyers, Iean
Spinaud, Iean Bibion Bourgeois
Consuls, & Gouuerneurs de la vil-
le D'ARLES.

ESSIEVRS,

C'est soubs vostre fa-
ueur que ie donne le iour,
a ce petit Discours, puis
que c'est vostre commen-
dement qui me la faict
esclorre. L'apprehension
que i'auois conceuë de sa
laideur me l'auroit faict auorter sur le point de sa
naissance, si ie ne me fusse persuadé qu'vn chascun
de vos citoyens en sera d'autant plus satisfaict,
qu'il sçaura estre né pour son contentement par-

A ij

ticulier, & pour la gloire de la ville d'Arles, qui seule parmy les autres se peut donner cest honneur d'estre vnique.

Ie sçay bien toutesfois qu'entre vne infinité de beaux esprits qui viuent soubs ses heureux Auspices il se treuuera quelque ame prodigieuse qui blasmera ma deuotion & asseurera peut-estre auec impieté qu'il y a du crime en mon obeissance: mais il luy faut pardonner de mesme façon qu'on pardōne aux corbeaux crouassans, parce qu'ils ont ce languagede nature. Aduoüez doncques Messieurs, ce petit essay de ma ieunesse, auec autant d'affection que ie regrette auec impatiance qu'vne occasion de plus haut prix ne m'ait donné le moyen de vous tesmoigner, combien i'honore vos cōmendements & cheris le lieu de ma naissance a qui ie consacre tout ce que ie tiens du Ciel & a vous vne perpetuelle obeissance, comme celuy qui veut estre a iamais

MESSIEVRS,

Vostre tres-humble &
obeissant seruiteur
F. I. PRIVAT
min. Conu.

DISCOVRS
PANEGYRIQVE
sur la Ville D'ARLES.

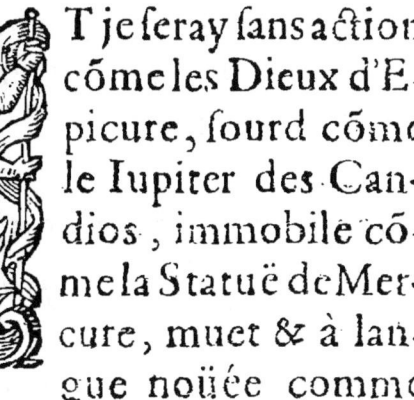

T je seray sans action côme les Dieux d'Epicure, sourd côme le Iupiter des Candios, immobile côme la Statuë de Mercure, muet & à langue noüée comme l'Harpocrate des Ægyptiens, & ie ne diray mot, ô mon Arles, en ce iour qui est particulierement voué à ton honneur, ne souheteray-je point de te dóner quelque tesmoignage de mon affection, par l'entremise de quelques loüanges que i'empruteray dans le sein de tes murailles? Il le faut! mais quel moyen que i'emprunte quelque chose digne de ta grandeur, sans souhaitter des nuicts doublees, comme en la naissance d'vn autre Hercu-

A ij

les., Parler de tes raretés si souuent publiées par des esprits les plus cheris de la nature, n'est-ce pas faire, le pinson apres le Rossignol? Pourquoy non, ne deuroy-je point imiter la prudence de Iosephus Barbarus Ambassadeur pour les Venitiés, vers Vsū Cassam Roy de Perse, qui pressé de l'imiter le prix d'vn ruby que ce Persan luy presentoit, non non, dit-il, Ie ne le feray iamais, de peur que si ce ruby venoit vn iour a recouurer l'vsage de la parole, il ne me dressast telle plainte, ou en as-tu veu de semblable, pour me limiter ma valeur? Ainsi ô Arles m'estant proposé & commandé de discourir des raretez, dont tu es embellie, ie redoute que quelqu'vn ne me die pour toy, ou as-tu veu vne ville semblable pour luy borner ses loüanges, puis qu'elle comme dict le Poëte,

Tantum alias inter caput extulit vrbes,
Quantum lenta solent inter viburna Cupressi.

Mais en ceste extremité i'imiteray Zenon qui pour logis & demeure choisit le portique d'Athenes que l'ouurier Thasien auoit esmaillé de diuerses & singulieres peintures, pour sur la diuersité de ces rares couleurs y façóner son oraison. Ainsi, ô Arles, ie promeneray mon esprit sur les diuers, & rares tableaux, dont ton enceinte est enrichie, le premier sera sur l'antiquité de ton origine, le secõd sur la fertilité de tes champs, le troisiesme sur la fidelité que tu as tesmoigné à tes Princes Spirituels, & téporels. Ie sçay bien qu'on dira que c'est tousiours toucher vne mesme corde, n'importe, *decies repetita placebũt*.

IL ny a rien qui ait tant trauaillé le dessein de ces esprits curieux, qui parmy leur recerches les plus serieuses ont tasché par toute sorte de moyens, de donner quelque fondateur à ceste celebre & Auguste Cité d'Arles.

Plusieurs se flatans soubs l'asseurance de leur veilles se sont persuadés d'auoir donné dans le blanc de la verité, en nous proposants quelques graues personnages des siecles anciens : mais il y a fort peu d'aparence de verité en leur iugemẽts, veu que mesme nous pouuons dire de son origine, ce que Plutarque dit estre graué sur l'image de Minerue, en la ville de Saïs en Ægypte, pas vn des mortels n'a encores descouuert mon voile.

Quelques vns neantmoins n'ont point fait de doubte de luy donner pour fondateur Hercule, en memoire du triomphe qu'il auoit acquis sur Albion, & Belgion, enfans de Neptune.

D'autres comme André du Chesne en sa seconde partie des antiquitez des Villes de France, en donne l'honneur aux Focences: mais Iustin au Liure quarante trois de son Hystoire, condemne son opinion ou il dit, *Focenses locum condendæ vrbis à Senano acceperunt.*

Plusieurs veulent que ce soit Marius, d'où ils deriuent la Camargue, soit qu'ils prennent le nom de fondateur pour restaurateur: En vn mot, *Quot capita tot sensus* Ce qui est vne marque tres-asseuree de l'Antiquité d'Arles, parmy le reste des autres villes du monde, puis que toutes presque ont retenu le nom de leur fondateur particulier. Niniue se loüe en son Ninus, Babilõ se glorifie en sa Semiramis, Thebe se vente en son Cadmus, Troye recognoist son Laomedon, Alexandrie porte le nom de son Alexandre, Athenes celebre sa Minerue, Lauinium son Ænee, Alba son Ascanius, Rome sõ Romulus, Carthage sa Didon, Padouë son Antenor, Adria son Roy Atrius, mais, mon Arles, entre tant de mortels & qui te pourra-on donner

donner pour pere. Si on ne trouue point d'homme capable de ceſte Gloire, il faudra dire que ç'a eſté Dieu, que ſi ç'a eſté Dieu, d'autant que les œuures de Dieu, ſurpaſſent celles des hommes, dautāt plus ſurpaſſeras-tu en excellence, & en grandeur le reſte des autres villes du monde, veu que meſme dans tes murailles comme Loth dans la ville de Segor, fuyant les flammes de Gomorre la foy Catholique, s'eſt retiree de la ſanglante perſecution des infideles, ou du depuis elle a faict ſon ſejour comme la fortune chés les Lacedemoniens apres auoir paſſé la riuiere d'Eurotas. Ceſte foy inuiolable me rend d'autant plus aſſeuré en ma creance que ſon origine vient du Ciel.

Car ſi Dieu le Createur veut bannir des Cieux ceſte trouppe rebelle & ambitieuſe des Anges, & luy veut faire ſentir le pouuoir de ſa main il donne a meſme temps aux fidelles, & obeiſſans des preuues de ſa bonté. Veut il purger le monde par vn deluge vniuerſel? il en garantit les innocés, leur donne le moyē de marcher à trauers les ondes. Veut-il chaſtier l'Egypte il pouruoit a la neceſſité des Hebreux. Veut-il deſcocher les traits de ſa colere ſur ſes

B

cinq villes, infortunees (puis que rebelles a ses ordonnāces) assises entre la Palestine & l'Arabie, il dépesche des Anges pour en faire sortir les ames iustes. Permet-il que la Prouence soit affligee par la naissance prodigieuse de quelques heresies? Arles seule n'en espreuue point les dangers. Disons mieux que tout ainsi que l'Arche de Noé fur charpantee par le cōmandemant du pere Eternel, afin de conseruer la nature de cest esclandre vniuersel, & la retirer de la fureur des flots & des vagues, qui sembloient mesme menacer les nuées, qu'aussi ceste ville d'Arles a esté bastie par vn adueu particulier du Ciel afin que dans ses murailles la foy Catholique fust en asseurance. Or tant plus elle a esté batuë des eaux de persecution plus elle a donné de preuues de sa constance, & comme vne autre Arche de Noé plus elle c'est auoisinee des Cieux.

La seconde coronne que les Empereurs, venoient prendre dans Arles ne nous oblige elle pas de croire que comme estant fille du Ciel, il n'appartenoit qu'à elle, de donner le Diademe aux aisnés des Dieux les faire recognoistre pour des demy-Dieux sur la terre, & les asseurer que la troisiesme qu'il debuoiét esperer seroit la plus triomphante & glorieuse, comme celle qui partoit de la main du tout puissant. Mais nous descouurirons plus particulierement les merueilles de ceste ville d'Arles & l'Antiquité de son origine, si nous remarquôs le pouuoir & l'authorité que ses prelats se sont acquis de tout téps, pouuoir si grand, *Vt nemo Episcoporum Arelatensis Prouinciæ vel cæterorum Ecclesiasticorum ordinum Romã, vel ad alia terrarum loca ire disponeret, nisi sigillum Arelatensis Episcopi secum deferret.* Authorité si grande qu'ils ont eu autrefois la Lieutenance du siege supreme, & ont commandé sur toute la Gaule, *Gallula Roma Arelas.* Mais toutes ces prerogatiues ne sont ce pas tout autãt de tesmoniages pour nous asseurer de l'Antiquité de nostre ville d'Arle; Il sera fort aisé de le nous persuader si nous croyons aux esprits les mieux sensez de nostre Siecle.

Roaldus le lustre & L'amphion des Iurisconsultes, traictant de l'origine des prelatures de la Chrestienté, asseure que les anciens peres de l'Eglise, auoient accoustumé de les ranger a la proportion des villes, comme dans les plus anciennes ils admettoient les plus honorables, ou ils establissoient les Sieges des Gouuerneurs & le throsne de la Iustice, & que Arles fut choisie pour la metropolitaine des Gaules, voire mesme fut publiee côme absolue, sur les Gouuernemēt, & iustice Ciuile, en faueur de son Antiquité & du rang quelle tenoit pa my les autres. Saint Gregoire nous en fournit vn beau & fort aduantageux tesmoignage escriuant a S. Augustin premier Euesque d'Angleterre: *In Galliarum Episcopos*, dit-il, *nullam tibi auctoritatem tribuimus, quia ab antiquis predecessorum meorum temporibus palliũ Arelatensis Episcopus accepit, quem nos priuare auctoritate percepta, minume debemus.*

Mais ce n'est rien aprestés vous a oüir nouuelles merueilles. Du téps que l'Empire Romain faisoit branler tout l'vniuers soubs son bras, la ville d'Arles fust establie pour gouuernante des principaux sieges de l'Empire d'Occident, soubs Constantin cinquiesme Empereur, voire mesme sur le declin de l'Empire, elle acquist de nouueaux hôneurs, car elle fut recogneue pour ville principale de l'ancien Royaume de Bourgongne recômandable pour son estenduë, & pour la beauté de tant de villes qui releuoiēt de sõ domaine, raportees par vn Ligurinus ancien Poëte.

Has tibi metropoles & primas nouimus Vrbes,
Chrisopolim Placidam Lugdunum atque Viennā
Quique tuos spumante mari prouincia fines
Claudit Arelatum validis obnoxia ventis, &c.

Mais comme le temps & la discorde Ciuile denouent le train des Prouinces les mieux policees, & les portent à vne confuse decadence, le Royaume de Bourgongne, sur le soir de sa verdeur diuisé en diuerses Seigneuries, la ville d'Arles frustree d'vn si beau Domaine par le malheur de ceste des-vnion, fut faicte republique, gouuernee par potestas, iouyssant tousiours de ses loix & coustumes particulieres soubs l'Empire des deux Frederics, a l'vn desquels elle est particulierement redeuable pour luy auoir donné ce beau tiltre d'honneur que de l'appeller Regente & Maistresse de l'Empire, *Cum Vrbs Arelatensis Caput Prouinciæ & Imperij principalis sedes existat, &c.* Et quoy quelle se donnast long-temps apres au Conte de Prouence, ce fut neantmoins sans desroger a l'authorité de nos Consuls, & Gouuerneurs, qui se sont tousiours, fott bien seruis de leurs Priuileges & ont conserué en son entier leurs anciennes facultez si belles & si amples, que toutes les villes du monde, s'en sont rendues comme ialouses. Viue doncques Arles, mais viue l'Antiquité, puis que Arles est si antique.

Ie ne parleray point de tant de beaux bastimés qui t'ont autre fois serui d'ornement & de lustre, & desquels nous en voyons les reliques en pied par les coings de tes rues, Ie tairay ton superbe temple autant ou plus magnifique que celuy d'Ephese: Bastimét ouy d'vne si rare sculpture, qu'au seul aspect d'icelluy tous les Polycletes du iadis eussent ietté la leurs ciseaux, voire tous les Vitreuues du passé auroiét prins ce chef-d'euure pour les patrons de leur architecture, bastiment qui eust causé plus d'estonnement a Pompee que le sanctuaire, qui eust rauy d'auantage les yeux d'Alexandre que les misteres d'Ammon, qui eust donné plus d'admiration a Apulee que le Sorcelage d'Isis & Osiris, Ouy ie veux passer soubs silence ô Arles, tes colomnes, tes autels, puis que prophanes pours lors, ou la lousche Antiquité presentoit tant des victimes &

des offrandes, tesmoing ces sanglant Sacrifices quelle faisoit toutes les annees le premier iour de May, mignardant sa diane tutelaire à la façon des Lacedemoniens, qui fouettoient des ieunes enfans iusques a la mort, des Taurocittes qui les esgorgeoiēt, de ceux de Themystans aux Indes qui cimentoient leurs Idoles du sang de leurs propres enfans. Ie ne diray mot de ton Cimmetiere si sainct, & venerable, pour enclorre dans ses monuments les reliques de tant de sainctes ames. Si diray-je bien que ce sont de marques de tō Antiquité, que se sont tout autāt de langues qui font courir ta reputation aux regions les plus escartées.

Que si les Parthes se sont loüés de ses arsacides, les Grecs de leurs Agiades, les Latins de leur Æmilles, que la Prouence se glorifie librement de son Arles, puis que comme en l'Arabie certaines familles auoient le droict de toucher l'encens qui estoit sacré, Arles a eu l'honneur d'estre la metropolitaine des villes de Gaule, voire depossederles charges les plus importātes, & comme on disoit que les Mages estoiēt en Babylone, les Philosophes en Athenes les grāds Senateurs à Rome, les grāds

& saincts personnages se retrouuoient dans Arles, des Trophimes, des Cæsaires, des Hilaires, des Virgiles, des Honorez, & vne infinité d'autres que la modestie me commande de taire, de peur de n'écourir autant de blasme que leur vie merite de Gloire, tellemēt qu'on pouuoit dire d'elle ce que Fabius disoit autresfois de Rome, qu'il se trouuoit moins d'hómes que de dieux. Ville d'Arles qui s'est acquise vn tel aduantage, que tout ainsi que Thalestris parmi ses Royalles grandeurs croyoit n'auoir riē veu de beau & digne de sa Majesté, si elle ne voyoit Alexandre le Grād, aussi tous les plus grands Rois de la terre, croyoient n'auoir rien veu de rare, s'ils ne voyoiēt ceste ville d'Arles, & mesme s'ils ni establissoiēt leurs Empires, ainsi que fit Flauius Constantinus tyran lequel charmé, & aueuglé par ses singulieres merueilles la choisit pour siege de son Royaume, voire commanda quelle fust appellee de son nom Constantina.

Il ne fault point qu'on s'en estonne si elle a esté de tout temps fauorie du Ciel & honorée des hommes, puis que outre le rang que son antiquité luy a donné entre toute les cités du monde, la fertilité de son terroir

terroir ne la rend pas moins recommandable, ouy y a-il rien de si delicieux ô Arles que tes champs, y a il rien de si recommandable que tes parterres, y a il rien de
si planteureux que tes campagnes sem-
blables a l'espine Royale en Babylone,
qui germe le mesme iour quelle est antee
contre le cours ordinaire de la nature pa-
reils à ces vignes de Smyrne, qui en mesme temps auoient trois sortes de raisin,
l'vn qui fleurissoit, l'autre qui grossissoit
& l'autre qui estoit, en sa plaine maturite.

Il est vray quand i'admire ton terroir, il
me semble que ie voy la region de la Io-
nie,ou la petite Asie, ou tant pour le doux
temperamant de l'air que pour la Fertilite
de la terre, toutes choses estoient produi-
tes plus qu'à souhait, que seroit ce doncq-
ques si ie lançois encores ma veue sur les
commoditez que tu retires de ta riuiere?
ne seroit ce pas pour me porter a vn rauisse-
ment extraordinaires la Dalmatie, & le
Peru s'enrollent dans ton escolle o Arles,
l'Armenie y vient auec son Ammone,
Sparthe auec son albastre veut estre de la
partie, Corinthe y apporte ses vases, l'In-
de y contribue son Iuoire l'Ethiopie ses am-
bres la mer de Genes n'oublie pas d'y venir

C

auec fes coraux, la M'auritanie auec fes fruits l'Arabie auec ces sāteurs odoriferātes, car pour le gros & gras betail dōt la Galatie foisonne les victoualles dōt la Bretaigne est opulāte, les chapōs dont l'Affrique abonde, les coqs dont la Peloponese fourmille les roses de Pistasie, les lis de Laodicee, les fleurs de Paphos. Tu as cela ô Arles dans l'enclos de tes murailles, dans l'enceincte de ton terroir, ie craindrois d'encourir le nom de flateur, si Scalliger en ses commentaires sur Ausone ne confirmoit mes paroles, *Neque enim*, dit il, *Vlla prouincia fructus sui facultate lætatur vt nonnisi hæc propria Arlatensis soli credatur esse fecunditas*: Et comme chante vn certain Poëte.

Orbis opum gallis cumulos opulenta recludis,
Insunt vt reliquis singula cuncta tibi.

Tellemēt qu'on peut entrer en ce doubte si Arles est dans le monde, ou si tout le monde est dans Arles.

On dict du Indiens Gymnosophistes que depuis le matin iusques au soir ils regardoient continuellement le Soleil & ne detournoient aucunement leur veue de c'est obiect, il y auoit du mistere & du subjet en leur extase puis qu'il a dequoy tousjours s'esmerueiller en luy, outre que c'est le Roy de ce monde sensible, c'est le Gouuerneur des saisons, c'est le Prince des astres, en vn mot c'est celuy soubs le brale duquel ce meut la dispositiõ & composition de la nature elementaire, ie dis celuy qui a chasque momment & a chasque iour nous taille dequoy admirer ses œuures, & dequoy loüer sa beauté. mais philosophes dónes fin a vos extases, finisses ces rauissemếts pour ietter les yeux de vos pensees sur ceste ville d'Arles, elle aura dequoy entretenir vos esprits, elle aura dequoy vous rauir sur la beauté de ses cãpagnes, vnique est le Soleil en sa lumiere, vnique Arles en sa fertilité, vnique le Soleil en sa grandeur, vnique Arles en l'estendue de ses champs, vnique le Soleil parmy les Astres, vnique Arles entre toutes les villes du monde, vnique le Soleil en ses feux, vnique Arles aux flammes de sa deuotion, le Soleil concourt a la production des choses elementaires comme cause vniuerselle & indifferante, mais Arles concourt comme cause particuliere a la conseruation de tant de Prouices : aus-

C ij

quelles elle suppedite les influances favo-
rables de son assistance leur departant en
partie ce que le Ciel verse liberalement
sur son terroir, n'est-ce pas faire autant ou
plus que le Soleil, *Conseruatio est continuata
productio*, Soleil doncques, o Arles, ie ne
diray les delices de ce bas monde.

On a admiré autrefois les Cedres du
Liban, les chesnes de l'Apennim les Ci-
trons du mont Athlas les sapins des Alpes
mais qu'on admire desormais les delices
de tes champs o Arles, la fertilité de tes
parterres, puis que ce ne sont point les soli-
tudes de la Lybie, ni les deserts affreux de
l'Egypte ni les glaces de la Sarmatie, tout
y est fecond, tout y est plantureux non
Intemperee de chaleurs comme l'Afrique
non transie de glace comme la Scitie, mais
le Tempé de nostre monde, & ou Iupiter
comme dit le Poëte viendroit habiter s'il
quittoit le Ciel? Arles plus delicieuse que
Tyre, plus agreable que la Thessalie, plus
forte en meurs que Menetie, puis que *du-
plici circundata muro*, plus fiere que Babilon
puis que entournee de tant de tours plus
superbe que Carthage, puis que de Lions
sur ses portes, plus admirable en ses vais-
seaux que Corinthe, puis que Iule Cesar

combatant cõtre Marseille qui marchoit soubs les estandars de Pompee fit faire dans Arles douze Galleres dans trente iours equippees & toutes armees qu'il fit marcher soubs le commandemét de Decius Brutus. *Naues longas arelatæ numero duodecim facere instituit, quibus effectis armatisque diebus triginta a qua die materia Cæsa est adductisque massiliã Decium Brutum præfecit. Iul. C.*

Que Martial doncques ne vante plus l'Amphitheatre de Domitian, qu'on ne parle plus du Theatre d'Æmilius, qu'on taise le Cirque de Pompee, le Temple de Diane, la Piramide d'Ægypte, le Mausole d'Arthemisia, non non cela n'est pas capable de donner de l'extase aux esprits, seule. O Arles tu peux arrester les yeux de Tyberes & des plus clairs voyans en la beauté de tes champs, en la fertilité de tes parterres du tout dissemblables à ces terres, ou selon les Cosmographes, les Colombes ne nichent iamais, les fruits ne meurissent iamais & où ne croissét que des ronces & des espines, puisque dans ton enceinte, ainsi que tous les oyseaux soubs le fueillage de c'est arbre de Nabuchodonosor reposent toutes les delices de l'vniuers.

D iij

Il est vray c'est de la bonté de Dieu que plusieurs ruisseaux s'espandent diuersement sur la terre, aussi les hommes y puisent tout ce qu'ils ont de bon, aux vns il donne l'agilité des pieds comme a Iphiclus, aux autres la viuacité de l'œil, comme à Marius aux autres la subtilité de l'oreille, comme a Melampus, aux autres la force du corps & la puissance des mains comme à Milon : que si le tout-puissant opere diuersement à l'endroit des hommes, disons que le Ciel opere de la façon à l'endroit des villes, aux vns il faict decouler par l'entremise d'vn doux temperamment d'air, abondance de vin, aux autres abondance d'huile, aux autres abondance de sel, mais Arles par vne particuliere faueur du Ciel voit tout naistre dans ses campagnes, voit tout croitre dãs sõ terroir, tellemẽt qu'il semble que pour la rendre vnique, il luy aye desparty en gros ce que les autres n'ont qu'en destail & qu'il aye imité ce peintre si fameux Zeuxis, qui pour peindre vne Helcine de qui les attraits peussent donner de l'amour aux plus insensibles, fut curieux de voir les plus belles filles de son siecle, & empruntant de l'vne la blonde cheueleure; de l'autre la blancheur du visage, de l'autre la douceur des yeux rendit son Heleine tellement accomplie qu'elle eust obligé les Ixions a des nouueaux ambrassemens.

Tout plain de Philosophes de l'antiquité, ont esté en ceste creance, que le mouuement des Cieux trainoit quant & soy vne si douce harmonie que si elle pouuoit estre facilement ouye, elle rauiroit comme l'Harpe d'Orphee les choses les moins capables d'amour, mais ie diray bien d'auantage & l'asseureray auec verité, que la beauté de nos champs est animee d'vne harmonie si gracieuse quelle se fait entendre aux prouinces les plus estrangeres, voire contraint les plus rudes & idiots à s'enfermer dans nos murailles pour en ressentir les continuelles douceurs. Il faut doncques ô Arles que toutes les villes te cedent, Thebes & Rome leur antiquitez Palmarie & Sere leur estadüe, Rhodes & Thebuse, leur force, Babilon & Niniue leur grandeur, Corinthe & Carthage leur richesse, Troye & Siracuse leur delices, Smyrne & Delo leur frequence. Pousseray je donc plus auant le nauire de mon discours dans la mer de tes merueilles, ou si recognoissant mon ignorance, & ayant esgard à ton merite, je singleray droit vers le port? il le faut, puis que ie nay pas autant de pouuoir d'executer que de courage d'entreprendre, & que ie suis semblable a ceste image, que faignoit Alciat en ses emblemes, qui ayāt des aisles pour voler auoit neantmoins vne grosse pierre attachee à ses pieds qui retenoit son vol & la rendoit tousiours voisine de la terre, & quand ie le pourrois ie serois tousiours contraint de dire auec le Poëte, *Inopem me copia fecit.*

Mais tout beau ie me trompe, ta fidelité ô Arles me rendroit coulpable à iamais si ie ne reprenois le fil de mon discours, c'est elle qui desnoue ma langue, & fournit a mon esprit vne Iliade de raretez. fidelité qui te rend non moins recommendable à l'antiquité qu'elle te doit rendre aimable à tes Princes tant spirituels que temporels puis que tu ne leur as iamais tourné le visage, mais bien tousiours tesmoigné combié la perfidie t'estoit odieuse, & la fidelité pretieuse & chere, d'vne fois que tu t'y estois engagee: fidelité que tu as tousiours conseruee auec vne obseruance si religieuse, qu'ayant vne fois prins racine dans he dans tes murailles elle y a tousiours germé, elle y a tousiours fleury.

La Cité de Hierusalem l'a autrefois receuë de la bouche de sainct Iacques, mais elle luy a manqué, l'Achaye a premier escouté la voix de S. André, mais elle a deffailli l'Asie a eu S. Iean pour son Apostre, mais elle a quitté la foy qu'il luy auoit preschee; les Indes esquelles sainct Thomas auoit planté la foy, Idolatres l'ont depuis arrachee, la Perse en laquelle S. Iude auoit Euangelisé a changé de creance l'Aethiopie laquelle auoit ouuert les bras a sainct Matthieu a embrassé vne fausse doctrine, La Phrygie que sainct Philippes auoit cathechisee, c'est destournee de la vraye religion, la Grece à laquelle sainct Paul auoit presidé, a langui sous le schisme, mais toy chere cité tu n'as iamais detourné tes pas de vrays Sétiers du Ciel tousiours verdoyante, & comme l'Egypte au raport de Seneque sans terre tremble tu n'as iamais faict faux bon, mais tousiours sur ton cube & sur ton carré comme la statue de Mercure, tousiours a teste haulte contre les iniures de l'air contre la malice du temps : n'y donc Soleil sans rayons, n'y rayon sans lumiere, n'y ora-

D

teur sans langues, ny artisan sans mains, n'y musicien sans voix, n'y Arles sans fidelité.

Qui ne sçait qu'au grand deluge des heresies soiét enciennes sont modernes les Religionaires n'ont eu iamais le credit de chāter vn de leurs Psalmes dās nostre ville d'Arles : du temps meime de l'heresie Arrienne qui auoit infecté tout le monde en telle sorte que, *Vniuersus orbis Arrianum se esse mirabatur.* Vn Saturninus Euesque d'Arles y ayant voulut introduire ceste secte prodigieuse, fut chassé d'abord par les habitans de ladicte ville, tousiours battue, tousiours combatue, mais non iamais abatue! Les pomes a ce que l'on dit plus elles sont exposees au Soleil, plus se haussét elles en couleur & en beauté, ainsi o Arles tant plus tu as esté exposee a la furie des infidelles plus tu tes rehaussee en beauté & en lustre, tesmoing ceste couleur iaune que tu tes tousiours retenue en signe que tu serois a iamais iouissante des faueurs du Ciel.

Les petits Aiglons princes de l'air ne son pas si tost esclos, qu'ils regardent asseuremant le Soleil, a peine leur prunelle est desermee voire formee, que desia ils font teste, & tiennent bon sans claigner contre les rayons de c'est astre, qui esblouit tous les regardants, ils voyent petis, & en leur d'vuet ce que les plus braues oiseaux, n'osent aborder en la force de leur plumes, ainsi Arles n'a pas si tost receu les Caracteres de la foy par vn sainct Trophime, elle n'a pas si tost ouuert ses yeux aueuglés dans l'obscur Cloaque du paganisme, quelle a tousiours regardé le Ciel, elle n'a iamais cleigné l'œil, iamais tourné la casaque a son Dieu, mais semblable au feu tousiours contremōt a teste haute contre lesclandre de l'heresie tousiours aussi disposee pour la foy Catholique que l'Antigone de Sophocles a leuer la lame ardante auec la main nuë, comme Pompee de mettre le doigt sur la lampe & comme Muscius de laisser rostir sa main, tousiours fidelle o Arles a tes Princes spirituels tousiours fidelle aux temporels.

La Prouence vniuerselle c'estant sousleuee de l'obeissance de Lovys Second, heritier de la Roine Ieanne la ville d'Arles non seulement demeura ferme en son obeissance & l'assista de ses moyens voyre mesme l'obligea par articles expres de vanger la mort de ladicte Royne contre

D ij

Charles de Duras qui l'auoit desheritee, renduë prisonniere, & cruellement assasinee, & parce que le serment que ce Prince fit en faueur de la Roine Ieanne fust sur sa plus tendre ieunesse & en l'aage de neuf ans, arriué a vn aage meur la ville d'Arles, luy fit instance de ratifier ledict Article par nouueaux sermens, non seulement contre Charles de Duras voire mesme contre ses enfans, & obligerent les successeurs dudict Prince a mesmes promesses.

Mais voyés encor ie vous prie de nouueaux miracles de sa fidelité, lors qu'estant assiegée pour estre soubstraicte de l'obeissance de Theodoric Roy des Gots, apres auoir souffert vn monde d'incommodités, la ruine de ses murailles, la perte de ses moyens, pour se cõseruer en la fidelité de son Prince: ses habitãs obtindrẽt ce beau priuilege raporté par Cassiodore, *Vt omnes Ciues Arelatenses ingénui essent & liberi.* Ne voila pas de belles recõpences ô Arles de ta fidelité, mais pourroit on treuuer dans les Annales les plus enciennes des exemples d'vne fidelité plus grande.

Le grand Roy François en a veu autrefois les experiéces lors que marseille estãt assiegee par Monsieur de Bourbon, pour l'Empereur Charles quint, le secours que la ville d'Arles, luy fournit en ceste extremité fut cause non seulement de la conseruation de ceste ville en son obeissance, mais encores de toute la Prouence, tousiours Arles le blanc reuestu du manteau de la fidelité comme la verité dans le temple d'Amphiaraus, tousiours Columbe portant le rameau paisible des bonnes graces de son Prince, tousiours sur le blanc, & sur le iaulne, de l'esperance, & de la fidelité.

Le baume ne peut croitre qu'en la Iudee la pome assirienne transportee ne peut porter de fruicts, la palme ne peut estre hors de son terroir naturel, & si elle y est sa terilité monstre le regret qu'elle a d'en estre dehors, la Cynammome & la lauande indiéne ne veulent estre hors de leur sol, la fidelité ne peut faire son seiour que dans Arles, Arles non rompuë par aduersité non corrompue par prosperité mais tousiours bride en main tousiours respectueuse vers le Ciel ouurier & tisseran de sa grandeur, iamais assés d'encens pour les temples, iamais assés de mirthe pour ses autels iamais assés de fidelité pour ſes Princes, iamais aſſés de courage pour leur ſeruice, iamais aſſés de courtoiſie pour les eſtrangers.

Et pourquoy donc ne diray-je point o Arles, que tu es ceſte Diane Britomartis, ou douce Vierge de Candios, qu'on peignoit a trois viſages de Cheual, de Chien, & de Femme, quelle porte le viſage de cheual qui eſt le Hierogliﬁque de la guerre.

— *Caput acris equi nam fore bello,*
Egregiam & facilem victu per ſecula gentem.

Ha & combien de fois a elle entendu le cliquetis des armes eſträgeres au tour de ſes murailles, mais tout ainſi qu'au ſon du tambour les tygres ſe rendent d'auantage furieux auſſi a elle augmenté les aiſles de ſon courage, c'eſt alors diſ-je quelle a plus hault eſleué la teſte, lors qu'on la croyoit au plus fort de ſes malheurs ſes Citoyens en diroient de nouuelles qui amoureux de leur patrie comme des Codrus, reſolus a la mort comme de Scæuolas ſont ſortis ſi ſouuent pour ſa deffence imitans les Lacedemoniens quand ils alloiét au combat ne demandans point combien estoiét leurs ennemis, mais ou est-ce qu'ils estoient: Ouy elle a esté tellement recommandable pour sa valeur quelle a tenu le mesme rang en c'est Empire que faisoit Carthage en Affrique, Numance en Europe, Babilon en Asie.

Les Romains au raport du Prince des Orateurs, ne redoutoient que trois villes en tout le monde, Carthage, Corinthe, & Capoue, mais tout l'vniuers a redouté Arles cóme si sceut esté la terre de Cadmus d'ou sortirent tant d'hommes armez: aussi porte elle ces paroles espouuentables pour sa deuise *Vrbs Arelatensis est hostibus hostis & ensis*, Que si Philippe Roy de Macedoniens appelloit autrefois Corinthe en Achaye, & Calcis & Eubes, les entraues de la Grece l'on pourra asseurer auec que verité, que toutes les villes de Prouence ayant esté ruynees Arles seule a esté les Entraues du Sauoyard & de l'Espagnol puis quelle a mis toutes leurs pretensions en fumee.

Qu'elle porte le visage de femme qui est l'image de la courtoisie, & qui ne scait, mais qui ne voit qu'il n'y a rien de si courtois que ceste ville, Ausone dites nous en de nouuelles, *Pande duplex Arelata tuos blanda hospita*, &c. Et Iustin parlant de sa courtoisie raporte qu'Aseranus & Peranus, Cappitaines de Marseille estant chassés de leur païs par les Perses n'eurent pas plustost abordé ceste ville, que, *Ex hospite vnus gener est factus*: Mais qu'elle plus grande courtoisie que de recepuoir des estrangers pour des Gendres. Que donc Alexandre le grand ne se donne plus ceste vanité de n'auoir point de second on courtoisie, & que Scilla efface l'Epitaphe de son tombeau qu'on ne la iamais surmonté en bien faicts il n'auoit point esté dans Arles, il n'auoit point heu le bien de converser auec c'este noblesse si Martiale, si courtoise, mais si accorte, qu'il faut confesser que quelque Astre extraordinairement bening a dominé sur leur horoscope.

Pline va asseurant qu'alentree du temple d'Ephese on y remarquoit vn Lion rugissant & furieux qui faisant ialir le feu de ses yeux donnoit de la terreur a tous ceux qui entroient dans le temple, mais a leur sortie il paressoit tellement doux & acostable qu'il sembloit auoir changé de nature, a l'entree de nostre ville d'Arles sur le frontispice de nos portes on y voit vn lion qui semble menasser la mort a

tous

tous ceux qui veulent passer outre, mais à leur sortie ayant espreuué vn naturel si doux & affable des habitans il sont contraincts de dire,

— *Heu quantum mutatus ab illo Hectore,* —

Qu'elle porte le visage de chien qui est le prototipe de la fidelité iuges en vous mesmes: mais permetes que ie die encores que c'est la fidelité, qui luy a donné mesme rang parmy les autres villes que le Soleil parmy les estoiles, que le Diamant parmy les pierres precieuses, que l'Aigle parmy les oiseaux que la Rose parmy les fleurs, & qu'est ce doncques que ie diray encores de tes loüanges o Arles: qu'on ne peut descripre sás soupçon de flatterie dire qu'auec estonnement, croire qu'auec admiration, & admirer que comme incroyables, non il n'y a rien de plus naturel que d'estre ignorant entre tant de merueilles de nature, & rien de si honorable, que baisser le sourcil soubs la hauteur de tant de raretées, parler donques de l'antiquité de ton Origine qu'elle main pour le pinceau, quel pinceau pour le papier, & quel papier pour la peincture? entreprendre a discourir sur la fertilité de ton terroir, ha c'est flater les rochers d'Epire, & deman-

E

der de la courtoisie à la porte du tyran de Siracuse, vouloir borner ta fidelité n'est-ce pas prendre les aisles d'vn Icare & encourir le mesme desastre, que i'emprunte donques l'artifice de Tymanthe & en te couurant d'vn voile que ie me taise. Mais permets moy o Arles qu'auant que ie me taise que ie te rende encores ce dernier debuoir, que ie die qu'en cela tu as dequoy particulierement te donner de la gloire, que tu es mere de tant de Mars, de tant de demy Dieux terrestres, aussi Arles renuersé fait *ares*, pour nous aprédre que tu n'enclos dans tes murailles que de personnes releuees & cheries du Ciel que tu es nourriciere d'vne noblesse si courageuse, Noblesse d'Arles qui c'est trouuee si souuent a trauers la fureur des armes, estimant le dire de Leonidas veritable que les vaillants ne pouuoient mourir que dãs les armes, & celuy d'Alcibiades que la plus belle recompence de la mort estoit la gloire : & qu'elle plus gráde gloire que de mourir pour la conseruation de sa patrie pour la conseruation de la foy qu'elle auoit solemnellement iuree au Ciel? Noblesse d'Arles qui n'a heu ny cœur ny bras que pour le seruice de ses Princes, qui n'a heu d'espee que pour les triomphes &

pour les victoires.

Que c'eſt Ancien doncques ce tourmente tant qu'il voudra dans Lucian au conſiſtoire des Dieux, que tous les iours la compagnie s'en augmente touſiours c'eſte nobleſſe d'Arles fleurira, touſiours elle croiſtra, en nombre & en lauriers. Touſiours doncques ô Arles, les yeux vele Ciel pour remercier le tout puiſſant de ce qu'il t'a eſté ſi liberal de ſes faueurs ne degenere point de ceſte droicte ligne de tes Anceſtres ſi fideles pour le Roy, ſi Zelés pour la deuotion, ſi reſpectueux vers le Ciel, car ceſt fort peu que de te flatter ſoubs la vertu de tes ayeulx, ſi toymeſme ne taſches d'enſuiure leur propres demarches, *Nam genus & proauos & quæ non fecimus ipſi, Vix ea noſtra puto*, fay que les belles actions de ceux qui ont prins le deuant es Siecles paſſez, te ſeruent de Soleil, pour a leur imitation te mettre au train du debuoir, que tu ſois touſiours fidele & obeiſſante aux intentions de ton Roy Louys, Roy qui en la naiſſance de ſon Empire, promet d'autant plus de repos & tranquilité, que ſon ſceptre de grãdeur & de Gloire, a qui le Ciel ne donne d'autre bornes que les limites du Soleil, & ſoubs

E ij

le cōmandemēt duquel la France se peut dire bien-heureuse & fortunee, tousiours ô Arles fidele a ce Prince a qui Dieu dōne autāt de corōnes au Ciel cōme il en merite sur la terre, & qu'il rēde s'il cepeut ou s'il ce doit immortel c'est le vray moyē d'augmenter tousiours ta reputation, quoy qu'elle ne puisse iamais perir, c'est le seul remede pour gauchir la malice du temps, & pour te bastir des courōnes immortelles dans le Ciel.

Mais quoy ie tasche de t'en bastir sur la terre & ne sçais point cognoistre que ton merite te rend assés recommendable & qu'estant si accomplie, c'est te faire tort que de te loüer. absouls moy de ceste censure ô Arles & crois que l'honneur que ie te doibs, & l'obligation que ie t'ay, me transportent au de-la de moy-mesme, & font que ie me persuade que tu ne desdaigneras nō plus l'inclination que i'ay a ton seruice, que fit autrefois Artaxerxes l'hōmage du païsan, que si tu iuges tout a faict ma peine vaine, mon trauail inutile, mon dessain temeraire, mon seruice trop ieune, permets au moins que ie me donne ceste satisfaction moy-mesme, que.

In magnis voluisse sat est.

le cōmandemēt duquel la France se peut dire bien-heureuse & fortunee, tousiours ô Arles fidele a ce Prince a qui Dieu dōne autāt de corōnes au Ciel cōme il en merite sur la terre, & qu'il rēde s'il ce peut ou s'il ce doit immortel c'est le vray moyē d'augmenter tousiours ta reputation, quoy qu'elle ne puisse iamais perir, c'est le seul remede pour gauchir la malice du temps, & pour te bastir des courōnes immortelles dans le Ciel.

Mais quoy ie tasche de t'en bastir sur la terre & ne sçais point cognoistre que ton merite te rend assés recommendable & qu'estant si accomplie, c'est te faire tort que de te loüer. absouls moy de ceste censure ô Arles & crois que l'honneur que ie te doibs, & l'obligation que ie t'ay, me transportent au de-la de moy-mesme, & font que ie me persuade que tu ne desdaigneras nō plus l'inclination que i'ay a ton seruice, que fit autrefois Artaxerxes l'hōmage du païsan; que si tu iuges tout a faict ma peine vaine, mon trauail inutile, mon dessain temeraire, mon seruice trop ieune, permets au moins que ie me donne ceste satisfaction moy-mesme, que.

In magnis voluisse sat est.

www.ingramcontent.com/pod-product-compliance
Lightning Source LLC
LaVergne TN
LVHW050306090426
835511LV00039B/1578